**EVIA EDICIONES**
ES PROPIEDAD DE EDICIONES VISUALES ALBERDI S.A.
BUENOS AIRES - ARGENTINA
www.eviatienda.com

# Editorial

*Queridos Amigos,*

Me siento feliz de reencontrarme una vez más con ustedes con esta Colección 2014.

Para cumplir con las sugerencias que nos hicieron, desarrollamos una amplia variedad de recetas, algunas clásicas y otras más novedosas, que son de gran utilidad en el momento de comercializar los productos.

Es decir, planificamos las propuestas para que puedan trabajar en sus casas y para que quienes ya poseen un comercio puedan implementarlas de manera práctica, para ofrecer nuevas propuestas a sus clientes.

En la colección hallarán masas de tartas, biscuits, galletas, masitas finas, alfajores, scones y muchas más opciones. Todas las recetas y técnicas, como siempre, están claramente explicadas paso a paso y cuentan con fotografías detalladas. ¡Para que todo les salga de 10!

A continuación, les dejo las claves para calcular los costos, armar el packaging y saber cómo comprar y acopiar las materias primas.

Para la compra y el acopio de mercadería es importante elegir balanceando el buen precio con la buena calidad. Para eso necesitamos organizar nuestras compras por períodos semanales, mensuales o semestrales, todo dependiendo del artículo que tengamos que adquirir. Por ejemplo, los productos que se puedan mantener durante un tiempo prolongado (como los chocolates, los frutos secos, los azúcares, las harinas, etc.), se pueden adquirir en una vasta cantidad en la temporada en que se encuentren a buen precio. Hay que tener en cuenta la fecha de vencimiento de los productos, que deberá ser relativamente alta para mayor seguridad. También hay que disponer de un lugar de almacenamiento alejado de la humedad, de la luz solar y de temperaturas altas. Y las materias primas que se deban mantener siempre frescas por períodos cortos conviene adquirirlas semanalmente.

En cuanto al precio de venta de los productos terminados, les daré un consejo personal para realizar el cálculo de manera casera. Luego ustedes ya verán cómo adaptar la fórmula básica a sus productos. Como primera medida, deberemos sumar los gastos fijos del mes (servicios de luz, gas, agua, alquiler si hubiera, etc.) y dividir ese costo total x 30 para obtener el gasto diario. Luego hay que dividir la cifra por la cantidad de preparaciones que se realizan en una jornada. De este modo, conoceremos el costo de **gasto fijo diario (independiente)** sobre cada producto realizado.

Por otro lado, sumar el costo de insumos de cada una de las recetas que se hicieron en ese día, de manera independiente e incluyendo el packaging. A cada resultado obtenido de cada receta, se deberá sumar el **costo fijo "independiente"** explicado anteriormente. Una vez sumados los gastos fijos diarios y los insumos de cada producto realizado en esa jornada (por ejemplo 3 tortas), se deberá adicionar a ese resultado un 70% como mínimo que representaría el valor de mano de obra (ganancia). Con todo esto, se determinaría el precio de venta.

*Les dejo un ejemplo:*
GASTOS FIJOS DIARIOS: $70.-
GASTO INSUMO TORTA: $30.-
$70 (gastos diarios totales) dividido 3 (productos realizados ese día)= $23.3 gasto fijo que se aplica a cada uno de los productos realizados.

*Por lo tanto:*
TORTA: $30 (insumos) + $23,3 (gasto fijo) = $53,3 x 70% ($37,3)= $90,6 (precio de venta).

Ahora veamos cómo debemos considerar al packaging. Para la venta de pastelería individual, los productos deberán ser entregados en una presentación o envoltorio adecuado que permita la protección del alimento y que también facilite el transporte por parte del cliente. Se deberá entonces pensar en un formato adecuado para cada pieza elaborada, de apertura y cierre prácticos.

Algo que suma a la hora de preparar el envoltorio/empaquetado del producto, es describir las características principales de nuestro producto y es importante dar una referencia de la durabilidad de la mercadería envasada.

La elección del material deberá estar acorde con la mercadería a trasladar: materiales aislantes del calor para preparaciones con cremas, de polietileno para las que necesiten resguardo de la humedad y estacionamiento, unidades con compartimentos individuales para traslado de piezas pequeñas como cupcakes evitando el desplazamiento y/o rupturas.

Finalmente, deseo agradecer al Chef Pâtissier Leonardo Michelis y al maravilloso equipo de asistentes que me acompañaron en la realización de las recetas.
¡Les deseo el mayor de los éxitos!

*Marcelo Vallejo*
*marcelovallejo@uolsinectis.com.ar*

*Como siempre, pueden consultarme o indicarme sugerencias por medio de mi correo electrónico.*

# Sumario

- Alfajor, pág. 4
- Budín, pág. 6
- Cheesecake, pág. 8
- Cuadrado brownie, pág. 10
- Mini tarteletas de frutillas, pág. 12
- Palmeritas, pág. 14
- Tarteletas de coco, pág. 16
- Macarrones, pág. 18
- Crumble de manzanas, pág. 20
- Gran cookie, pág. 22
- Masitas con crema de cerezas, pág. 24
- Muffins, pág. 26
- Scons con pasas, pág. 28
- Cocadas y coquitos, pág. 30

**EDICIÓN DIGITAL** .pdf

# Alfajor de vainilla y frutos secos

Cantidad de unidades: 12
Tiempo de cocción: 8 minutos

## ingredientes

**Masa**
| | |
|---|---|
| manteca | 150 g |
| azúcar | 150 g |
| glucosa | 20 g |
| ralladura de limón | 1 cucharadita |
| huevo | 1 |
| harina 0000 | 450 g |
| polvo para hornear | 6 g |
| sal | 1 pizca |

**Relleno y cubierta**
| | |
|---|---|
| dulce de leche repostero | 600 g |
| nueces molidas | 200 g |
| baño de repostería blanco | 150 g |
| nueces mariposa | 12 |

## preparación

**1. Masa.** Batir la manteca junto con el azúcar hasta blanquear. Incorporar la glucosa.
**2.** Perfumar con la ralladura e incorporar el huevo.
**3.** Integrar los ingredientes secos y tomar la masa sin amasar demasiado. Dejar reposar la masa en frío por 2 horas y luego estirar a 3 mm.
**4.** Cortar las piezas con molde redondo de 8 cm de diámetro y ubicar sobre placas enmantecadas. Hornear a 180° C aproximadamente por 8 minutos. Dejar enfriar y pincelar cada tapa con chocolate para baño blanco.
**5. Relleno y cubierta.** Unir las tapas con dulce de leche repostero de manera que llegue hasta los bordes del alfajor.
**6.** Espatular con dulce los costados del alfajor. Adherir las nueces picadas. Por último, pegar una nuez mariposa en el centro de cada alfajor utilizando chocolate fundido.

## Tip

*Los alfajores pueden armarse con 2 días de anticipación para alcanzar una mejor humedad en su interior.*

# Budín cítrico con amapola

Cantidad de unidades: 6
Tiempo de cocción: 30 minutos

## ingredientes

| | |
|---|---|
| yemas | 5 |
| azúcar | 50 g |
| aceite neutro | 80 g |
| jugo de naranja | 50 cc |
| jugo de limón | 50 cc |
| ralladura de limón | 2 cucharaditas |
| ralladura de naranja | 2 cucharaditas |
| esencia de vainilla | 1 cucharadita |
| harina 0000 | 220 g |
| semillas de amapolas | 3 cucharadas |
| polvo para hornear | 6 g |
| sal | 2 g |
| claras | 4 |
| azúcar | 140 g |
| crémor tártaro | 1 cucharadita tamaño café |

**Glaseado y decoración**

| | |
|---|---|
| jugo de naranjas | 25 cc |
| jugo de mandarinas | 25 cc |
| azúcar impalpable | 300 g |
| colorante amarillo | gotas |
| cáscaras de cítricos | 250 g |

## preparación

**1.** Comenzar a batir las yemas con los 50 g de azúcar. Cuando comiencen a blanquear, agregar de a poco el aceite sin dejar de batir. Incorporar los jugos y ralladuras de los cítricos más la esencia de vainilla.
**2.** Tamizar la harina, el polvo de hornear y la sal, todo junto. Mezclar las semillas.
**3.** Merengar las claras con el azúcar mezclado con el crémor tártaro.
Integrar los ingredientes secos al batido de yemas alternando con las claras merengadas.
**4.** Enmantecar seis budineras de 12 x 6 cm y 4 cm de altura. Disponer una tira de papel manteca, distribuir la preparación y hornear a 180° C, de 25 a 30 minutos.
Dar vuelta sobre una rejilla metálica sin retirar el molde y dejar enfriar por completo. Desmoldar.
**5. Cubierta y glaseado.** Tamizar el azúcar impalpable en un bol. Hacer un hueco en el centro y colocar allí los jugos de cítricos. Comenzar a integrar con espátula o cuchara de madera desde el centro hacia los bordes uniendo de a poco con el azúcar, hasta completar con la totalidad. Adicionar las gotas de colorante a gusto.
**6.** Con la mezcla obtenida, bañar el budín y, si es necesario, realizar un segundo baño para cubrir más la superficie. Antes de que el glaseado se seque por completo, adherir las cáscaras abrillantadas cortadas.

## Tip

*Las semillas de amapola pueden reemplazarse por semillas de chía o almendras peladas, tostadas y molidas a polvo.*
*Puede emplearse aceite de girasol o maíz.*

# Cheesecake de dulce de leche

Cantidad de unidades: 10
Tiempo de cocción: 1 hora

## ingredientes

**Base**
galletas dulces **100 g**
manteca fundida **40 g**
azúcar común **10 g**
coñac **10 cc**
nueces picadas finas **10 g**

**Relleno**
queso crema firme Philadelphia **600 g**
dulce de leche repostero **250 g**
azúcar **150 g**
almidón de maíz **20 g**
huevos **4**
esencia de vainilla **2 cucharaditas**
crema de leche **150 cc**

**Cubierta y decoración**
dulce de leche repostero **500 g**
baño de repostería semiamargo **200 g**

## preparación

**1. Base.** Triturar las galletitas (a mano o con procesadora) de un tamaño mediano a chico. Colocar en un bol y añadir la manteca fundida a temperatura ambiente, azúcar y coñac. Mezclar y, por último, agregar las nueces picadas entrefinas. Reservar a temperatura ambiente.

**2. Relleno.** Colocar en un bol el queso Philadelphia y el dulce leche. Trabajar con una espátula para ablandar su consistencia e integrar el dulce; añadir el azúcar mezclado previamente con el almidón.

**3.** Mezclar y añadir los huevos, esencia de vainilla y crema de leche. Unir los ingredientes sin generar demasiado aire en la preparación. Luego volcar una parte de la mezcla obtenida sobre el queso Philadelphia, integrar en forma homogénea para poder igualar densidades entre las mezclas. Incorporar el resto de la mezcla de huevos e integrar bien.

**4. Armado.** En aros de 6 u 8 cm de diámetro, forrada con papel aluminio enmantecado, colocar un poco de la base, aplastar con una cuchara para que quede pareja y bien distribuida. Hornear a 180° C durante 5 minutos. Dejar entibiar y colocar la crema de queso. Cocinar en horno a 150° C durante 1 hora, aproximadamente.

**5. Cubierta y decoración.** Colocar el dulce de leche en una manga con boquilla rizada y realizar copos cubriendo la superficie del cheesecake.

**6.** Para realizar los rulos de chocolate, extender sobre una plancha de acetato el chocolate fundido, dejar reposar hasta que el chocolate comience a perder su brillo característico y que al tocar no se pegue a los dedos, pero aún conserve su flexibilidad.

**7.** Con un cuchillo chico de hoja lisa realizar cortes sobre el chocolate marcando tiras de 2 cm de ancho. Arrollar el acetato obteniendo un cilindro flojo, sostener los extremos con cinta o banda elástica. Llevar al frío hasta que el chocolate se cristalice por completo.

**8.** Despegar las cintas y retirar el acetato para que los rulos se desprendan y se separen. Por último, decorar el cheesecake.

# Cuadrado brownie

Cantidad de unidades: 9
Tiempo de cocción: 18 minutos

## ingredientes

**Brownie**
| | |
|---|---|
| manteca | 225 g |
| azúcar común | 240 g |
| azúcar impalpable | 200 g |
| chocolate semiamargo cobertura | 240 g |
| huevos | 6 |
| harina 0000 | 300 g |
| nueces molidas | 180 g |

**Crema de chocolate**
| | |
|---|---|
| dulce de leche repostero | 280 g |
| crema de leche | 300 cc |
| chocolate semiamargo | 400 g |
| manteca | 160 g |

**Decoración**
| | |
|---|---|
| chocolate para baño blanco | 200 g |

## preparación

**1. Brownie.** Batir la manteca junto con el azúcar y el azúcar impalpable hasta obtener una especie de crema. Añadir el chocolate fundido pero no muy caliente e integrar bien.

**2.** Adicionar de a uno los huevos, batiendo bien el primero antes de agregar el segundo.

**3.** Incorporar con espátula, la harina mezclada con las nueces; unir hasta homogeneizar perfectamente.

**4.** Distribuir la mezcla sobre una placa de 30 x 40 cm y 4 cm alto, enmantecada y cubierta en su base con papel manteca enmantecado nuevamente. Hornear a 180° C de 15 a 18 minutos. Retirar del horno y dejar enfriar para desmoldar.

**5. Crema de chocolate.** Mezclar el dulce de leche repostero con la crema de leche. Fundir el chocolate, bajar un poco su temperatura dejándolo en reposo. Volcar sobre el chocolate la mezcla de dulce de leche y crema, homogeneizar bien y, por último, añadir la manteca pomada. Reservar en frío hasta que tome cuerpo no muy firme. Colocar en manga con pico liso y reservar.

**6.** Cortar el brownie frío en cuadrados y cubrir con la crema de chocolate realizando gotas con manga y pico liso. Terminar decorando con figuras de medallón de chocolate blanco.

Pastelería para vender **11**

# Minitarteletas de frutillas y arándanos

Cantidad de unidades: 8
Tiempo de cocción: 12 minutos

## ingredientes

**Masa de chocolate**
- manteca **150 g**
- azúcar impalpable **100 g**
- huevo **1**
- harina 0000 **230 g**
- cacao amargo en polvo **20 g**

**Crema ganache**
- chocolate cobertura semiamargo **150 g**
- chocolate cobertura con leche **150 g**
- crema de leche **300 cc**

**Cubierta**
- frutillas chicas **500 g**
- arándanos **40**
- jalea de brillo **100 g**
- hojas de menta **cantidad necesaria**

12 Pastelería para vender

## preparación

**1. Masa.** Realizar un cremado batiendo la manteca y el azúcar impalpable. Agregar el huevo y continuar batiendo hasta integrar. Tamizar aparte la harina y el cacao en polvo.

**2.** Con cuchara de madera incorporar la harina tamizada al batido anterior y formar una masa sin trabajar demasiado. Cubrir con film y llevar a frío durante 2 horas.

**3.** Estirar la masa a 4 mm de espesor y forrar moldes de tarteletas, pinchar la superficie con un tenedor, llevar a frío 30 minutos y cubrir cada molde con papel aluminio.

**4.** Colocar material de carga sobre el papel aluminio (arroz, garbanzos pequeños o bolitas) y llevar a horno moderado de 180° C por 8 minutos. Luego retirar el papel aluminio y continuar la cocción durante 4 minutos más para terminar la cocción completa de la masa. Retirar del horno, dejar enfriar y desmoldar.

**5. Crema ganache.** Picar bien fino los chocolates y colocarlos en un bol. Aparte calentar la crema de leche y retirar del fuego cuando rompa hervor. Volcar sobre los chocolates picados.

**6.** Dejar reposar por 1 minuto y luego desde el centro comenzar a unir todos los ingredientes con la ayuda de un batidor de alambre. Obtener así una crema lisa y brillante.

**7.** Rellenar cada tarteleta con la crema y dejar enfriar a temperatura ambiente. Reservar.

**8. Cubierta.** Lavar y secar las frutillas. Retirar el cabo con la punta de un cuchillo. Acomodar las frutillas y los arándanos sobre la superficie de la tarta cubriendo la crema de chocolate.

**9.** Pincelar las frutas con jalea de brillo y decorar con hojas de menta fresca.

Pastelería para vender 13

# Palmeritas

Cantidad de unidades: 60
Tiempo de cocción: 20 minutos

### ingredientes

**Masa de hojaldre alemán (rápido)**
- harina 0000  **500 g**
- sal  **2 cucharaditas**
- queso crema  **100 g**
- manteca o margarina fría  **400 g**
- agua fría  **200 cc**

**Varios**
- azúcar común  **300 g**

14  Pastelería para vender

## preparación

**1.** Colocar la harina en un bol, mezclar con la sal y disponer encima el queso crema, la manteca o margarina (en cubos y fría) y el agua.

**2.** Tomar la masa uniendo todos los ingredientes juntos para formar grumos gruesos. Cuando la manteca y la harina todavía no estén totalmente integradas, bajar la masa a la mesada y unir pasando un palo de amasar para formar un rectángulo.

**3.** Doblar en 3 partes, estirar y volver a plegar en 3 partes. Continuar de este modo 3 veces más, llevar a la heladera y dejar enfriar por 1 hora.

**4.** Espolvorear azúcar común sobre la mesa y estirar por encima la masa formando un rectángulo de 5 mm de espesor. Adherir azúcar sobre la superficie pasando un poco más el palo de amasar y unir los extremos enrollándolos hacia el centro y pegándolos entre sí.

**5.** Cortar rodajas de la pieza obtenida de 1 cm de espesor y colocarlas sobre placa limpia. Hornear a 220° C de 10 a 12 minutos. Luego bajar a 200° C por 10 minutos más. Desmoldar apenas retiradas del horno.

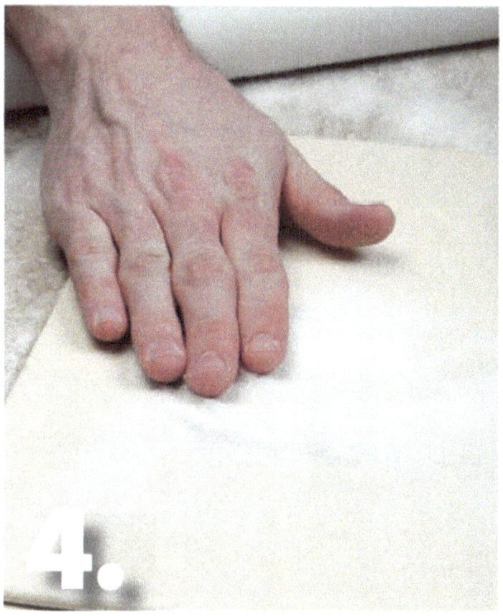

Pastelería para vender **15**

# Tarteletas de coco

Cantidad de unidades: 6
Tiempo de cocción: 30 minutos

## ingredientes

**Masa**
| | |
|---|---|
| manteca | 125 g |
| azúcar | 80 g |
| yemas | 3 |
| huevo | 1 |
| harina 0000 | 200 g |
| almidón de maíz | 50 g |
| polvo de hornear | 1 cucharadita de café |
| sal fina | 3 g |
| ralladura de limón | 2 cucharaditas |

**Relleno y cubierta**
| | |
|---|---|
| dulce de leche repostero | 350 g |
| coco rallado | 200 g |
| azúcar común | 200 g |
| huevos | 3 |
| manteca fundida | 20 g |

**Varios**
| | |
|---|---|
| cerezas al Marraschino | 12 |
| higos en almíbar | 6 |
| jalea para abrillantar | 100 g |

## preparación

**1. Masa.** Batir la manteca pomada junto con el azúcar hasta lograr una crema homogénea. Incorporar las yemas y el huevo de a poco e integrar bien a la mezcla de manteca. Agregar la ralladura, batir un instante y apagar la batidora.

**2.** Tamizar y añadir los elementos secos, harina, almidón de maíz, polvo de hornear y sal. Tomar la masa sin amasar demasiado y dejar reposar en frío por 1 hora como mínimo.

**3. Armado.** Luego del reposo de la masa, estirarla a 3 mm de espesor, pinchar la superficie con un tenedor y forrar moldes de tarteletas. Reservar en frío por 5 minutos.

**4.** Distribuir dulce de leche sobre la base.

**5.** Para realizar la cubierta, mezclar el coco rallado con el azúcar, incorporar los huevos (apenas batidos) y, por último, la manteca fundida pero no caliente. Extender parte del relleno sobre la base de dulce de leche. Hacer copitos con una manga y boquilla.

**6.** Colocar el resto de la cubierta en una manga con boquilla y efectuar copos. Decorar con trocitos de cerezas e higos en almíbar. Hornear las tarteletas a 170° C durante 30 minutos aproximadamente. Retirar, dejar enfriar y pincelar con jalea de brillo.

## Tips

- *Una vez realizada la cubierta de coco emplear enseguida ya que su reposo prolongado provocaría una mayor hidratación del coco y no se podrían formar los copos.*
- *Para trabajar esta receta en plancha o realizarla en placa es conveniente prehornear la masa de 8 a 10 minutos a 180° C.*

# Macarrones multicolores

Cantidad de unidades: 20 (40 tapas)
Tiempo de cocción: 12 minutos

## ingredientes

**Masa**
| | |
|---|---|
| polvo de almendras | 130 g |
| azúcar impalpable | 130 g |
| claras | 3 |
| azúcar molida | 60 g |
| colorantes vegetales en pasta | varios |

**Crema de relleno**
| | |
|---|---|
| leche | 250 cc |
| azúcar | 90 g |
| jugo de limón | 100 cc |
| yemas | 2 |
| almidón de maíz | 30 g |
| ralladura de limón bien fina | 1/2 unidad |
| manteca pomada | 200 g |

## Tips

• Una vez realizado el merengue se puede dividir y otorgar distintas tonalidades empleando colorantes vegetales.

• También se puede optar por otros tipos de rellenos, como ganache solidificada o cremas de manteca saborizadas.

• Las tapitas pueden conservarse en recipientes herméticos hasta 2 semanas; y una vez rellenas, hasta 2 días en la heladera.

## preparación

**1. Masa.** Mezclar el polvo de almendras y el azúcar impalpable. Tamizar ambos ingredientes por 3 o 4 veces, descartando cada vez aquellos elementos gruesos que no pasan por el tamiz. Reservar.

**2.** Batir las claras a temperatura ambiente hasta que comiencen a espumar y en ese momento incorporar el azúcar en forma de lluvia. Seguir batiendo hasta lograr un merengue. Adicionar colorante vegetal a gusto.

**3.** Pasar el merengue a un bol e incorporar la mezcla de azúcar impalpable y frutos secos. Colocar el merengue en una manga y formar botones con un pico liso N° 5 sobre plancha siliconada. Dejar reposar las piezas trazadas y hornear a 150° C de 10 a 12 minutos. Dejar enfriar y despegar.

**4. Crema de relleno.** Calentar la leche con la mitad del azúcar. En un bol mezclar el resto del azúcar junto a las yemas, al almidón, la ralladura y el jugo de limón. Agregar la mitad de la leche sobre la mezcla de yemas y homogeneizar por completo rápidamente. Volver la leche restante al fuego y dejar hervir.

**5.** Volcar de a poco y en forma contínua la mezcla de yemas sobre la leche hirviente, mientras se mezcla sin pausa.

**6.** Homogeneizar bien y espesar. Cocinar hasta que la mezcla tome punto de ebullición y se espese por completo.

**7.** Retirar del fuego, pasar a una placa y cubrir con papel film tocando la superficie de la crema.

**8.** Dejar enfriar por completo e incorporar la manteca pomada hasta homogeneizar y lograr una crema untuosa. Dejar reposar unos minutos en la heladera.

**9.** Colocar en una manga descartable y rellenar cada macarrón como si se rellenara un alfajor pero con menos cantidad de crema.

# Crumble de manzana

Cantidad de cuadrados: 9
Tiempo de cocción: 25 minutos

## ingredientes

**Masa**
- manteca 100 g
- azúcar 140 g
- ralladura de limón 1/2 unidad
- huevo 1
- harina 0000 250 g
- polvo de hornear 5 g
- sal 3 g

**Relleno**
- manzanas verdes sin cáscara 1,300 kg
- jugo de limón 1/2 limón
- azúcar 200 g
- manteca 100 g
- canela 2 cucharaditas
- dulce de damasco 200 g

**Crumble**
- manteca fría 150 g
- azúcar 150 g
- harina 0000 200 g

## preparación

**1. Masa.** Realizar un cremado batiendo la manteca y el azúcar junto a la ralladura de limón. Incorporar el huevo.

**2.** Tamizar la harina con el polvo para hornear y la sal. Integrar al batido anterior y formar una masa sin amasar. Dejar descansar en frío por 2 horas. Luego estirar la masa de 4 mm de espesor y forrar la base de una cintura de acero cuadrada de 20 cm de lado. Picar la superficie y hornear a 180° C de 18 a 20 minutos. Retirar y reservar.

**3. Relleno.** Pelar, descorazonar las manzanas y cortar en cubos medianos. Mezclarlas con el jugo de limón.

**4.** Calentar una sartén y fundir la manteca. Colocar el azúcar y cuando la mezcla comience a tomar color colocar los cubos de manzana. Cocinar hasta que queden tiernos.

**5.** Incorporar la canela molida, mezclar y retirar del fuego.

**6. Crumble.** Mezclar en un bol la manteca, el azúcar y la harina. Realizar un arenado con la mezcla de ingredientes hasta que la manteca se integre homogéneamente.

**7. Armado.** Sobre la base de masa cocida, distribuir por encima las manzanas ya cocidas.

**8.** Terminar cubriendo con el crumble sin aplastarlo demasiado y que quede un poco suelto. Llevar a horno fuerte de 200° C hasta que la cubierta tome un poco de coloración. Dejar enfriar por completo y cortar en cuadrados.

### Tip

*Las manzanas pueden reemplazarse por peras no muy maduras.*

Pastelería para vender **21**

# Cookies gigantes de nueces, avena y coco

Cantidad de unidades: 20
Tiempo de cocción: 18 minutos

## ingredientes

| | |
|---:|:---|
| harina 0000 | **450 g** |
| polvo de hornear | **5 g** |
| bicarbonato de amonio | **5 g** |
| manteca | **270 g** |
| azúcar molido | **180 g** |
| azúcar rubio | **150 g** |
| esencia de vainilla | **2 cucharaditas** |
| ralladura de limón | **1/2 unidad** |
| nueces | **70 g** |
| coco rallado | **70 g** |
| avena | **70 g** |
| yemas | **5** |

## preparación

**1.** Tamizar en un bol la harina con el polvo de hornear y el bicarbonato.
**2.** Agregar la manteca fría cortada en cubos y ambos azúcares. Formar un arenado.
**3.** Añadir la esencia y la ralladura.
**4.** Adicionar las nueces picadas, el coco y la avena.
**5.** Incorporar las yemas y formar la masa sin amasar demasiado. Dejar reposar en frío si fuera necesario.
**6.** Estirar la masa a 5 mm de espesor y cortar con molde de 10 cm de diámetro.
**7.** Acomodar sobre placas enmantecadas y hornear a 170º C durante 18 minutos aproximadamente.

## Tip

• *Si no se cuenta con bicarbonato de amonio, puede reemplazarse por bicarbonato de sodio.*

• *Las cookies se conservan una vez frías, en frascos herméticos de vidrio; mejor aún si previamente son envasadas dentro de papel celofán.*

# Masitas con crema de cerezas

Cantidad de unidades: 25
Tiempo de cocción: 15 minutos

## ingredientes

**Biscuit**
- huevos — 8
- azúcar — 200 g
- harina 0000 — 200 g
- ralladura de limón — 1 unidad

**Relleno**
**Crema pastelera**
- leche — 500 cc
- azúcar — 125 g
- almidón de maíz — 50 g
- yemas — 6
- esencia de vainilla — 2 cucharaditas

**Crema mousseline**
- crema pastelera — 1 receta (anterior)
- manteca — 400 g
- Pasta concentrada de frutos rojos — 3 cucharadas
- cerezas en almíbar — 200 g

**Cubierta**
- chocolate semiamargo — 200 g
- crema de leche — 200 cc
- cerezas en almíbar — 25 unidades

- *La crema pastelera no debe estar muy caliente al incorporar la manteca para evitar que la crema final resulte muy floja.*

- *Las masitas en planchas sin cortar tienen una duración de 4 días refrigeradas.*

## preparación

**1. Biscuit.** Batir los huevos con el azúcar hasta alcanzar el punto letra. Incorporar la ralladura de limón y mezclar la harina con movimientos envolventes.

**2.** Distribuir la preparación sobre dos placas de 30 x 40 cm, forradas con papel manteca. Hornear a 180º C de 12 a 15 minutos. Retirar, dejar enfriar y desmoldar. Reservar cubierto con papel film o paño seco.

**3. Crema pastelera.** Poner en una cacerola la leche y la mitad del azúcar; calentar hasta el primer hervor. Mezclar aparte las yemas, el resto del azúcar y el almidón de maíz. Verter la mitad de la leche caliente sobre esta mezcla. Llevar al fuego el resto de la leche. Cuando alcance nuevamente el hervor, colocar la mezcla de yemas en forma de hilo continuo sobre la leche, mientras se mezcla con batidor de alambre para evitar la formación de grumos. Una vez que la crema tomó consistencia y espesó, cocinar durante 1 minuto. Volcar la crema sobre una placa, aromatizar con la esencia y cubrir con papel film. Dejar enfriar.

**4. Crema mousseline.** Una vez fría la crema pastelera, pasarla a un bol y adicionar de a poco la manteca a punto pomada. Adicionar el concentrado de frutos rojos y las cerezas picadas. Llevar a la heladera hasta que comience a tomar cuerpo.

**5. Cubierta.** Picar el chocolate. Llevar a ebullición la crema y luego volcar sobre el chocolate. Dejar reposar unos minutos y luego unir ambos ingredientes con batidor. Llevar a la heladera hasta que comience a tomar cuerpo.

**6. Armado.** Picar las cerezas en almíbar y mezclarlas con una parte de la crema mousseline. Colocar una placa de biscuit sobre una placa de 30 x 40 cm forrada con papel manteca. Distribuir la crema por la superficie y emparejar bien. Cubrir con la segunda plancha de biscuit. Llevar al frío.

**7.** Extender la ganache apenas solidificada sobre el biscuit y realizar dibujos con ayuda de un "peine de repostería". Llevar nuevamente al frío durante 1 hora.

**8.** Cortar en cuadrados pequeños. Colocar sobre cada cuadrado media cereza en almíbar previamente secada con papel absorbente.

Pastelería para vender **25**

# Muffins de maní y naranja

Cantidad de unidades: 20
Tiempo de cocción: 18 minutos

## ingredientes

| | |
|---|---|
| pasta de almendras | 180 g |
| manteca pomada | 150 g |
| azúcar común | 180 g |
| azúcar rubio | 150 g |
| ralladura de naranja | 1 unidad |
| huevos | 2 |
| harina 0000 | 400 g |
| polvo para hornear | 20 g |
| maní triturado | 150 g |
| leche | 200 cc |
| medallones de chocolate semiamargo | 20 |
| almendras | 60 |

26  Pastelería para vender

## preparación

**1.** Colocar la manteca y la pasta de almendras en un bol y batir hasta lograr una mezcla cremosa.
**2.** Añadir el azúcar común y el azúcar rubio; continuar batiendo hasta incorporarlos bien.
**3.** Agregar la ralladura de naranja y los huevos, de a uno por vez.
**4.** Tamizar juntos el polvo de hornear y la harina.
**5.** Mezclar con el maní triturado e incorporar al batido anterior, a mano y con movimientos suaves, alternando con la leche.
**6.** Distribuir la mitad de la mezcla en pirotines. Colocar un medallón de chocolate y continuar con la mezcla hasta completar las 3/4 partes del molde. Adherir almendras sobre la superficie. Hornear a 180° C, de 15 a 18 minutos.

## Tips

• *Para integrar mejor la pasta de almendras es conveniente llevarla por 30 segundos a potencia máxima en el microondas.*

• *Los muffins se pueden guardar en el freezer cuando todavía estén tibios, envueltos en bolsas herméticas. Luego, descongelar a temperatura ambiente.*

# Scons con pasas

Cantidad de unidades: 25
Tiempo de cocción: 20 minutos

## ingredientes

| | |
|---:|:---|
| harina 000 | **400 g** |
| polvo de hornear | **20 g** |
| azúcar | **100 g** |
| manteca | **100 g** |
| crema de leche | **200 cc** |
| huevo | **1** |
| pasas de uva | **150 g** |
| rhum | **200 cc** |
| huevo batido | **1** |

## preparación

**1.** Realizar un arenado grueso en la procesadora con la harina, el azúcar, el polvo de hornear y la manteca fría.
**2.** En un recipiente aparte mezclar el huevo y la crema de leche.
**3.** Volcar el arenado sobre la mesa y agregar las pasas remojadas en rhum. Integrar los huevos y la crema, y formar una masa sin amasar. Dejar reposar en frío por 20 minutos.
**4.** Estirar la masa a 2 cm de espesor, espolvorear con un poco de harina, replegar sobre sí misma y estirar a 3 cm nuevamente.
**5.** Cortar piezas con corta pasta de 5 cm de diámetro y colocar sobre placas enmantecadas.
**6.** Pintar con huevo batido y hornear a 180° C de 18 a 20 minutos. Retirar, dejar enfriar y desmoldar.

## Tips

- *Los scons se deben elaborar con no más de 1 día de anticipación o mejor el mismo día para conservar sus mejores características.*

- *Si la masa se freeza, se deberán adicionar 5 g de polvo de hornear a la cantidad pedida en la receta.*

Pastelería para vender **29**

# Cocadas y coquitos

Cantidad de docenas de cocadas: 3
Tiempo de cocción: 25 minutos

Cantidad de docenas de coquitos: 4
Tiempo de cocción: 12 a 15 minutos

## ingredientes

**Cocadas**
- claras  8
- azúcar  400 g
- jugo de limón  1 cucharada
- coco rallado  400 g

**Coquitos**
- manteca pomada  200 g
- azúcar  250 g
- huevos  5
- esencia de vainilla  2 cucharaditas
- crema pastelera  250 g
- coco rallado  350 g
- almidón de maíz  25 g

## preparación

**1. Cocadas.** Colocar las claras y el azúcar en un bol que pueda llevarse a baño de María. Revolver hasta disolver los cristales del azúcar. Retirar y batir en la batidora hasta que se formen picos firmes.
**2.** Incorporar al merengue el jugo de limón y el coco rallado, en forma envolvente.
**3.** Tomar pequeñas porciones con las manos húmedas (o con dos cucharas humedecidas) y colocar en placas siliconadas. Hornear a 160° C por 25 minutos aproximadamente o hasta que comiencen a dorarse en la superficie. Una vez frías, mantener en recipientes cerrados herméticamente.
**4. Coquitos.** Batir la manteca y el azúcar hasta cremar. Comenzar a incorporar los huevos de a uno y la esencia de vainilla. Continuar con la crema pastelera y terminar con el coco mezclado con el almidón.
**5.** Formar una pasta y llenar una manga de pico liso.
**6.** Formar los conitos en placas siliconadas o enmantecadas. Hornear a 170° C, de 12 a 15 minutos.

www.ingramcontent.com/pod-product-compliance
Lightning Source LLC
Chambersburg PA
CBHW041939240526
45473CB00037B/2328